COLECCIÓN HISTORIA PARA NIÑOS

Antepasados, Los
Conquista, La

D0348116

COLECCIONES

Ejecutiva
Superación personal
Salud y belleza
Familia
Literatura infantil y juvenil
Con los pelos de punta
Pequeños valientes
¡Que la fuerza te acompañe!
Juegos y acertijos
Manualidades
Cultural
Medicina alternativa
Computación
Didáctica
New age
Esoterismo
Humorismo
Interés general
Compendios de bolsillo
Aura
Cocina
Tecniciencia
Visual
Arkano
Extassy
Inspiracional
Aprende y dibuja

Sandra García Dávila

Los antepasados para niños

SELECTOR
actalidad editorial

Doctor Erazo 120
Colonia Doctores   Tel. 55 88 72 72
México 06720, D. F.   Fax. 57 61 57 16

LOS ANTEPASADOS PARA NIÑOS

Coordinación editorial: Ramón Martínez
Diseño de interiores: Times Editores, S.A. de C.V.
Diseño de portada: Mónica Jácome y Sergio Osorio
Ilustración de interiores: Modesto García y
Times Editores, S.A. de C.V.

Copyright 2001, Selector S.A. de C.V.
Derechos de edición reservados para el mundo

ISBN: 970-643-359-7

Tercera reimpresión. Mayo de 2005.

NI UNA FOTOCOPIA MÁS

Índice

Los antepasados

Introducción

1

Hoy, 9 de agosto, cumples cuatro años de edad y con ello te voy a dar un regalo, el más importante de toda tu vida: nuestra historia.

Pero no la historia de tu familia, sino la historia de nuestro país.

De aquí en adelante, como parte de tu educación escolar, haremos un cuento de todas aquellas cosas que debes tener presentes en tu memoria, pues podrán ayudarte cuando tengas que tomar decisiones en tu vida futura.

A diferencia de otras historias, tú me ayudarás a crear los cuentos. Quizá omitamos muchos nombres y lugares o fechas y personajes importantes; lo fundamental es que al final de estas reuniones siempre habrá dudas que por el momento no podremos explicar. Esta parte será la tarea que deberemos resolver mediante otras lecturas y con otro tipo de vivencias, por ejemplo: cuando viajes por nuestro país, poco a poco irás o, si es posible, iremos reconociendo o recordando aquellas historias o cuentos de nuestros antepasados.

Por lo pronto, y sin tardanza alguna, empezaremos por una región, una fecha aproximada a...

Los primeros pobladores

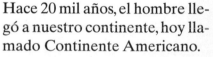

Hace 20 mil años, el hombre llegó a nuestro continente, hoy llamado Continente Americano.

Su llegada por el estrecho de Bering se debió, más que a la exploración, a la necesidad de seguir la ruta que los animales de aquella época habían tomado en busca de alimento. Los hombres, cuya principal forma de alimentarse era la caza, se vieron obligados a tomar la misma ruta, dejando atrás un paisaje de hielo permanente y frío intenso. En esta travesía, los ancianos fueron muriendo, sólo los jóvenes,

los niños más fuertes, lograron resistir el voraz clima y la terrible escasez de alimentos.

Para tener una idea clara de dónde se encuentra este paso de Bering, te lo mostraré con el mapa siguiente:

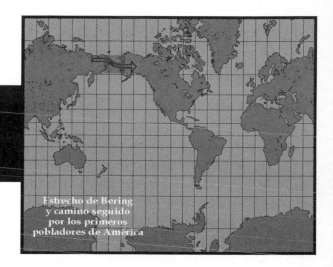

Estrecho de Bering y camino seguido por los primeros pobladores de América

Imagínate lo difícil que era cazar mamutes, mastodontes y bisontes gigantes, entre otros animales, con armas tan rudimentarias como cuchillos, lanzas con puntas de pedernal o palos gruesos para golpear. Aunque se conocía el fuego, su uso era bastante limitado; además, se le tenía que cuidar, pues no era fácil crearlo. Este elemento tuvo un importantísimo papel en la vida de aquellos hombres, no sólo para cocer los alimentos, sino para protegerse de otros animales.

¿Te has dado cuenta de cuántos usos tiene el fuego actualmente? Enuméralos:

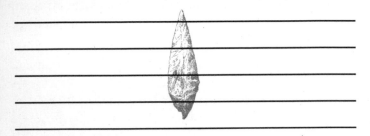

¿Verdad que son muchos?, y todavía serán más, porque tanto el fuego como el agua son elementos vitales para nuestra existencia.

Al entrar el hombre por este paso, dejó atrás los hielos permanentes y se introdujo en un territorio con abundante vegetación, entre la cual se encontraban tanto plantas comestibles como una diversidad de frutos. Esto significó la salvación para la gente de aquella época. Las manadas de animales pastaron con tranquilidad, lo cual dio oportunidad a los cazadores de llevar abundante alimento a sus grupos. A esta época se le conoce como *Pleistoceno*.

¿Qué significa la palabra «Pleistoceno»? Veamos qué dice el diccionario y tu enciclopedia:

No debemos olvidar algo muy importante en nuestra historia: ¿cómo eran los hombres, cómo vestían, en qué lugares vivían? ¿Acaso los niños tenían juegos o cómo se entretenían? ¿Por qué sabemos tan poco acerca de ellos?

Sabemos que provenían de lo que hoy se conoce como Asia o Continente Asiático, por lo tanto, creemos que eran de estatura mediana, fuertes y de cabeza del tipo mongol. Tanto hombres como mujeres vestían con las pieles de los animales que cazaban; me imagino que no había diferencia en la ropa que usaban ellos y ellas. Le tenían miedo al rayo y a la lluvia, y sabían del peligro relacionado con el fuego.

Para protegerse de la lluvia y de los animales, se metían en cuevas o formaciones rocosas; de manera que no podían ocupar un lugar para muchos, y se veían obligados a buscar nuevos refugios cuando los grupos crecían en número, por lo que fueron avanzando cada vez más hacia el sur.

A la fecha, tenemos poco conocimiento de los diferentes asentamientos que se establecieron en esa región. Veamos el mapa siguiente:

Principales culturas
prehistóricas
de México

No siempre se puede volver la mirada atrás. A
veces es necesario abandonar a las personas y las
cosas que amamos; en otras ocasiones nos vemos
obligados a dejar el placer y la comodidad que nos
brinda la compañía de nuestros padres y amigos, así
como nuestro juguete favorito, sin pasar por alto los
deliciosos platillos que nuestra madre prepara y los
cuidados de nuestros padres cuando enfermamos.

Cada uno debe arriesgarse para encontrar el lugar donde desea vivir. También tenemos la obliga-
ción de estudiar y explorar nuevas cosas, de enfren-
tarnos a la vida y buscar nuestra propia familia; lue-
go, cuidar de ellos y prepararlos para su aventura.

Los hombres de aquella época sufrieron mucho;
tuvieron que dejar amigos y familiares, a quienes
nunca más volvieron a ver, ya que el paso se cerró y,

al subir el nivel de los océanos y mares, el hielo los obligó a seguir avanzando y avanzando...

Papá, papá, ¿y los niños a qué jugaban?

Jugaban a juntar piedras y a lanzarlas, a recoger ramas y frutos, a correr rápido, a ser luchadores, a entender que tenían que estar alertas, a esconderse cuando algún animal se acercara; eso creo yo, pero ¿a qué jugarías tú?

Durante su caminar, los hombres generaron distintas culturas en nuestro territorio. En términos generales, los historiadores y los antropólogos —quienes son los científicos que se dedican a estudiar a los hombres en el pasado— consideran que el territorio mexicano se divide (como lo puedes ver en el mapa que se encuentra en la parte superior de esta página) en dos grandes áreas culturales: Mesoamérica y Aridoamérica.

Una de las culturas más conocidas de Aridoamérica es la anasazi, generalmente llamada pueblo. La cultura anazasi abarca grandes períodos de la historia. Ellos eran fabricantes de cestos. Su vida era sedentaria y se extendió desde el Río Grande (ahora es Colorado) hasta Coahuila. Desde sus inicios dominaron el cultivo del maíz y del chilacayote. Utilizaron armas como el propulsor, el arco y la flecha. Vivían en cabañas independientes, sin embargo, para protegerse de los muchos ataques a que estaban expuestos, pronto edificaron construcciones más sólidas y con piezas contiguas. Muros de adobe y ubicados en áreas de difícil acceso, como en cerros, peñas y cuevas.

Al hacer contacto con los mexicanos su vida se transformó por esta influencia. Se deformaban el cráneo; utilizaron pinturas para su alfarería; realizaron dibujos geométricos y en arquitectura fabricaron bordos y canales que les acumulaban agua.

Sus refugios en acantilados los llevó a vivir bajo las rocas. Tal fue este progreso que se han encontrado 500 habitaciones que se comunicaban, dando una absoluta seguridad a sus habitantes cuando eran atacados. De concebir aldeas con esta compleja elaboración, se desprende que vivían bien organizados y bajo un régimen democrático.

La llegada de los Españoles no provocó la desaparición de sus formas de vida y organización social. Hoy en día, los grupos mayos, raramuris, entre otros, son los herederos de los indios pueblo.

El origen

Es importante recordar que transcurrieron unos 12 mil años desde que aquellos hombres comenzaron a cruzar el paso de Bering. Este dato te indica que ahora estamos ubicados unos ocho mil años antes de Cristo.

Durante este periodo se pobló la zona norte de América, además de que los diferentes grupos buscaron nuevos horizontes.

Por lo que respecta a la historia de nuestro país, sólo tenemos algunos documentos llamados códices, y con las excavaciones y descubrimientos arqueológicos sabemos que se formaron dos grandes naciones: los nahuatlacas y los chichimecas.

La palabra nahuatlaca significa *gente que se explica y habla claro*; y la palabra chichimeca quiere decir *cazadora*.

Este grupo, los chichimecas, vivían en los riscos, en las laderas de las montañas; su único oficio era cazar, les daba igual quedarse en una cueva que en otra. Su forma de vida era totalmente nómada. No se preocuparon por construir viviendas, ni por cultivar la tierra o fabricar utensilios para cocinar, y en cuanto a su vestimenta, era mínima, es decir, andaban casi desnudos. Eso sí, su mejor oficio estaba dedicado a acechar presas, lo mismo se comían un venado que una culebra. Este arte lo tenían muy especializado, pues para atrapar a la presa bien podían pasarse varias horas en cuclillas hasta lograr su objetivo.

En cuanto a otras características, se sabe que su lenguaje era muy pobre, digamos gutural y por expresiones corporales. Se desconoce si tenían dioses o algo que los atemorizara. Nunca formaron pueblos y siempre cambiaban de lugar, situación que no les favoreció para asentarse y crecer como sociedad.

En cambio, el grupo nahuatlaca buscó valles, lagos y tierras propicias donde asentarse para llevar una vida ordenada y crecer como grupo. Formaron dos importantes asentamientos, uno llamado Aztlan, que quiere decir *Lugar de garzas*, y el otro Teuculhuacan, que significa *La tierra de los que tienen abuelos divinos*.

Esta parte hace referencia a la tradición de las siete cuevas, hecho que marcó la famosa peregrinación y que duró alrededor de 300 años.

Las siete cuevas, los siete solares, las siete casas, eran los siete grupos destinados a emigrar en busca de la tierra que les prometieron los dioses a través de los sacerdotes. Ellos les dijeron: «Una de las siete tribus, los mexicanos, guiados por su dios Huitzilopochtli y por ordenación divina estarán destinados a ser los señores de todos los reinos.»

Estos mexicanos en su andar fueron poblando varias comunidades para asistir a los enfermos, a los débiles, a las mujeres que iban a tener un bebé o a los niños muy pequeños. Así se establecieron lugares que hoy son sólo ruinas, de las cuales irás conociendo en las fichas técnicas.

Aztlán

Salir de Aztlán no fue una decisión fácil. Allí tenían bien ubicada su vida, los conocían por su prudencia y por sus habilidades y conocimientos, de tal manera que entre los chichimecas se les aceptaba como gente sabia. Sin embargo, no debían contrariar a sus dioses.

Los primeros en tomar la ruta fueron los xochimilcas, que quiere decir *gente de las sementeras de flores*. Los segundos, llamados chalcas, que significa *gente de las bocas*. Los terceros, llamados tepanecas, que significa *pasadizo*

de piedra. Los del cuarto turno fueron los colhuas, que quiere decir *gente encorvada.* En quinto lugar les tocó a los tlalhuicas, que significa *hacia la tierra.* El sexto puesto fue para los tlaxcaltecas, cuyo significado es *gente de pan.* Nombres como sementeras de flores, bocas, pasadizo de piedra, encorvada, hacia la tierra y pan, ¿serán por el lugar donde vivían o por sus oficios? ¿Tú qué piensas?

Estos grupos no emigraron juntos a la voz de ¡vámonos todos!, sino que a la partida del primer grupo, el segundo salió un año después, así que en esta diferencia de tiempo, quienes quedaron en el séptimo lugar, los mexicanos, arribaron a su objetivo aproximadamente 300 años después de los primeros.

Se les llamó mexicanos porque el líder nombrado por Hitzilopochtli se llamaba *Mexi.*

Este pueblo en su andar fue creando señoríos como Michhuacan, *tierra de los que poseen pescado;* Malinalco, debido al nombre de una mujer muy poderosa de nombre Malinalxochi; Tula *lugar de la espadaña (*planta acuática parecida al junco). Este lugar lo dejaron alrededor del año 1168 D.C. En cada lugar se quedaba parte de la población mexicana, así

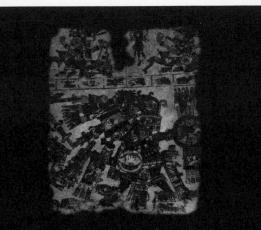

Los reyes aztecas

Rey	Subió al trono	Murió
Acamapich	1384	1405
Vitziliuitl	1405	1426
Chimalpopoca	1426	1436
Itzcoatzin	1436	1450
Mocthecuzoma	1450	1480
Axayacatl	1480	1494
Tizocicatzin	1494	1498
Avitrzol	1498	1516
Mocthecuzoma	1516	1535
Avitlatoa	1535	1535
Cuauhtemoc	1535	1535

que al arribar al cerro de Chapultepec, que significa *cerro de las langostas*, ya eran pocos, lo que les daba una total desventaja para negociar con los seis primeros grupos un pedazo de tierra.

Mucho fue su penar al sentirse rechazados, sin que hubiera un grupo que los apoyara, y así vivieron por largo tiempo, a escondidas, alimentándose de culebras y enfermando por beber agua estancada. No por ello los mexicanos cedieron en las batallas. Se defendían con tal enojo que los caudillos de los otros pueblos les tenían mucho respeto como guerreros.

Éstas y muchas otras fueron las penurias por las que pasaron los mexicanos para poder al fin encontrar la señal que los dioses les habían dado.

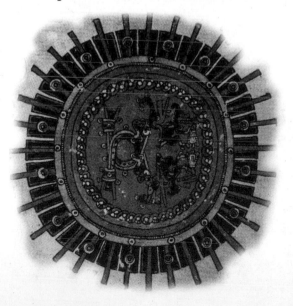

La ciudad de los mexicanos

5

Antes de continuar, es importante que conozcas la ruta que tomó el grupo llamado mexicanos: después de haberse establecido por 20 años en Tula, pasaron a Atlitlaquian, Tequizquiac, Atengo, Tzompan, Cuachilo, Xaltocan, Eycoac, Ehecatepec, Aculhuacan, Tultepetlac, Huixachtitlán, Tecpayuca, Atepetlac, Coatlayauhcan, Tetepanco, Acolnahuac, Popotlan, Chapultepec, Techcatitlan.

En un principio los mexicanos fueron auxiliados con alimentos, telas, materiales, entre otras cosas. Al paso del tiempo les surgió el temor de ser atacados por las tribus establecidas y se dieron los enfrentamientos.

Al ser minoría los mexicanos, además de estar cansados y enfermos, tuvieron que refugiarse en un área poblada de víboras y alimañas. Ahora, ocultos por la maleza, se reorganizaron y en grupos, cubiertos por la oscuridad, lograron repeler a sus enemigos.

Estaban tan enojados y peleaban con tal fiereza que las otras tribus los dejaron y dieron por hecho que en ese hostil paraje iban a rendirse con el tiempo o morir lentamente.

Sin embargo, Huitzilopochtli los vuelve a reunir y les dice: «Formen cuatro grupos y cada uno diríjase a puntos contrarios y marquen y defiendan esa entrada, porque aquí observarán que mi profecía se cumplirá». Y, al cabo de un tiempo, ellos encontraron el sitio indicado: el lugar donde un águila que devoraba a una serpiente estaba posada en un nopal.

Pero la vida de los antiguos mexicanos no se limitaba a la guerra y las penurias, entre ellos también florecieron las artes. Uno de sus mayores escritores es Netzahualcóyotl, de quien te presentamos a continuación una serie de bellos poemas:

Canto de la huida

En vano he nacido,
en vano he venido a salir
de la casa del dios a la tierra,
¡Yo soy menesteroso!
Verdad es en verdad no hubiera salido,
que de verdad no hubiera venido
a la tierra.
¿Habrá de erguirme sobre la tierra?
¿Cuál es mi destino?
Me he doblegado,
sólo vivo con la cabeza inclinada
al lado de la gente.
Por eso me aflijo.
¡Soy desdichado!

A Moctezuma Ilhuicamina

En donde hay sauces blancos,
estás reinando tú, y donde hay
blancas cañas,
donde hay blancas juncias,
donde el agua de jade se tiende,
aquí en México, reinas.
Tú con preciosos sauces
verdes cual jade y quetzal
engalanas la ciudad:
la niebla se tiende sobre nosotros...

El Árbol Florido

No acabarán mis flores,
no acabarán mis cantos:
y los elevo: soy su cantor.
Se esparcen, se derraman,
amarillecen las flores:
son llevadas al interior de los dorados.

Mesoamérica

Las culturas más conocidas de la América prehispánica se establecieron en Mesoamérica, y sus descendientes todavía hablan aquellas lenguas: otomí, nahua, totonaca, zapoteca y tarasco. Los últimos descubrimientos arqueológicos han suministrado otros vestigios acerca de aquellos pueblos.

Culturas «medias»

No existen indicios de las civilizaciones paleolíticas correspondientes a los tipos Folsom-Cochise. Los cuchillos de sílex y obsidiana, junto con las pocas puntas de lanza de Santa Isabel Ixtapán, no presentan diferencias importantes con los instrumentos usuales en épocas más recientes. Sin embargo, se han encontrado muchos fragmentos de alfarería primitiva y de ídolos de barro cocido que prueban la existencia prolongada de pueblos sedentarios y numerosos durante la época de las «culturas medias». No podemos aún fijar una fecha exacta, pero sí sabemos que fue anterior a nuestra era; ya que los geólogos afirman que Copilco y Cuicuilco, localidades pertenecientes a esas culturas, fueron cubiertas por la lava de la erupción del volcán Xitli, la cual se produjo hace unos dos mil años.

Se han encontrado rastros de aglomeraciones en Zacatenco, El Arbolillo y Ticomán, por ejemplo, un depósito de residuos domésticos cuyo espesor mide más de ocho metros. Esto prueba que el sitio fue ocupado por cultu-

**Algunos emplazamientos
de las culturas medias**

ras sucesivas durante muchas generaciones. Las excavaciones también han ayudado a ubicar cronológicamente las civilizaciones medias: la primera, correspondiente a Copilco-Zacatenco, se prolongó quizá durante siete siglos, mientras que la siguiente, Cuicuilco-Ticomán, duró sólo unos trescientos años.

Asimismo, se han podido establecer diferencias en las habitaciones de aquella gente. Las de Cuicuilco, por ejemplo, eran construcciones macizas, en forma de círculo, con un diámetro de base de 123 m y una plataforma de 20 m de altura que sostenía un altar. Este edificio parece ser la primera construcción mexicana de piedra.

Por otro lado, se ha descubierto cierta similitud entre la alfarería de Tlatilco y la del pueblo olmeca; de este último se cree que fue el primero en llevar la cultura a la meseta mexicana.

Teotihuacán

No se sabe cuál fue la sociedad
que dio nacimiento a esta cultura;
se ignora su nombre y el idioma
que hablaron, pero se supone que
venían de alguna región de la
costa del golfo de México. Existen determinadas similitudes
estilísticas que, como en Tlatilco,
pueden tener algún parentesco
con los olmecas. Lo cierto es que
se trata de una de las culturas
más grandiosas que se haya establecido en el valle de México.
La ciudad de Teotihuacán, ex-
clusivamente religiosa, se en-

cuentra dominada por dos grandes pirámides, la del
Sol y la de la Luna. La primera parece haber sido
construida a principios de nuestra era. Por sus 60 m
de altura, se destaca de la ciudad que se extiende a
sus pies.

En la escultura se produjeron muchas máscaras
funerarias que se fijaban al envoltorio de los muertos. Además de arquitectos y escultores, los teoti-
huacanos eran pintores muy hábiles, especialmente
en el arte del fresco. Los frescos de Tepantitlán, los
basamentos de tres edificios en Atetelco con un fri-

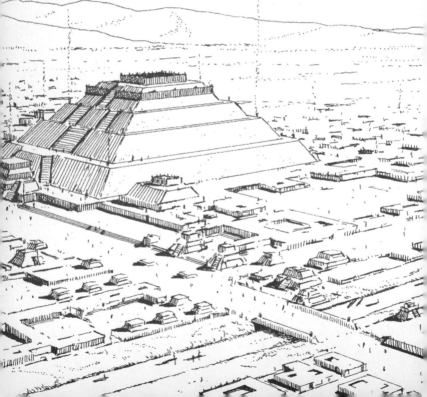

**Localización
de Teotihuacán**

so de jaguares en camafeo rojo y los frescos de Teti-
tlán informan, en parte, de las actividades cotidianas
de esta época.

Aunque se sabe poco acerca de la religión teoti-
huacana, se cree que al menos durante un tiempo
Tláloc constituyó la principal divinidad, pues se ha
encontrado su imagen en numerosas manifestaciones artísticas a partir de Teotihuacán.

Cultura tolteca

Con los toltecas comienza el periodo protohistórico del valle de México. El fundador de la primera dinastía fue Mixcóatl, personaje que libró muchas batallas con otras tribus ya instaladas tanto al sur como en los actuales estados de Morelos y Guerrero con el fin de expulsarlas. Fue muerto por un usurpador llamado Ihuitimal, quien a su vez fue asesinado más tarde por Ce Acatl Topiltzin, el hijo que le había nacido a aquél antes de su muerte. Este último se hizo reconocer como sacerdote supremo y encar-

nación de Quetzalcóatl, la serpiente emplumada, e instaló la capital de su reinado en Tollán (Tula). Según la leyenda, hubo una segunda dinastía cuyo último representante fue Huemac.

Tula constituyó, de acuerdo con sus ruinas y gigantescas figuras que subsisten, una ciudad impresionante. La pirámide principal comprende un templo dedicado a Quetzalcoatl. Al igual que en todos los grandes centros prehispánicos, excepto Teotihuacán, en Tula se llevaba a cabo un juego de pelota de carácter ritual cuyo resultado daba lugar a presagios. Para ello contaba con dos estadios, uno de los cuales fue excavado y reconstruido. Un segundo centro tolteca parece haber sido Xochicalco, donde se conservan diferentes edificios escalonados, y en el punto más alto, una pirámide de aparente influencia maya.

Localización
de Tula

Cultura azteca

Los aztecas, herederos de los toltecas, cuando se refieren a éstos,
casi siempre los alaban, a pesar
de haber contribuido a su decli-
nación en la sangrienta batalla
que su jefe Huitzilopochtli libró
con ellos en el monte Coatepec,
en los alrededores de Tula. El
habitat original de estas tribus,
según la leyenda, fue Aztlán, lugar que se cree estuvo en algún
punto al noroeste de México.

Las costumbres de conviven-
cia, así como el estilo en la arquitectura y escultura eran comunes

entre las diversas tribus aztecas, las cuales estaban
ligadas por lazos de parentesco; todas, al igual que
los toltecas, hablaban el náhuatl. La lengua que se im-
puso a todas las demás y dominaba en el valle de
México cuando penetraron en él los españoles fue la
tenochca.

Cerca de 1370, los aztecas fundaron la ciudad de
Tenochtitlán, México actual, en las islas del lago de
Texcoco. Eran guerreros muy audaces que se lanza-
ban a la lucha cuerpo a cuerpo armados de mazas de
madera con incrustaciones laterales de hojitas de obsidiana, y escudos redondos para defenderse.

Su último rey fue Moctezuma II, quien fue ejecu-
tado por los conquistadores españoles en 1520. Los
últimos jefes de los tenochcas fueron Cuitláhuac y
Cuauhtémoc; este último ensayó en vano la resisten-
cia contra los invasores y murió ahorcado en 1523 o
1524.

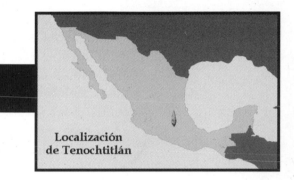

Localización
de Tenochtitlán

Los aztecas se caracterizaron por una organización política democrática y una rígida organización
social asegurada por un sistema educativo muy es-
tricto, cuyo principal objetivo era la formación pro-
fesional y cívica del individuo. Eran esencialmente
agricultores, y llevaban a cabo sus cultivos en chi-
nampas o jardines flotantes, los cuales todavía existen en Xochimilco, de donde proviene la mayoría de
los productos de huerta que se consumen en la ciudad de México. También conocían el maíz, el cacao,
los tomates, el algodón, el maguey y el tabaco, entre
otras variedades vegetales.

Su arquitectura mantuvo la tendencia iniciada por las culturas medias que habían alcanzado su apogeo en las pirámides de Teotihuacan. Sin embargo, su verdadera fuerza artística se manifiesta en la escultura de piedra configurada por una combinación de símbolos con motivos más o menos realistas. Los más representativos tienen que ver con

Quetzalcoatl, la serpiente emplumada, y Coatlicue, diosa de la tierra.

También existieron diversas escuelas de pintura, cuyo centro estaba probablemente en la región conocida con el nombre de Mixteca. En el campo de las artes menores, se destacaron en la cerámica y en el trabajo de la madera.

En los aztecas, el dualismo es el principio dominante de su mundo espiritual, es decir, la lucha cotidiana del día y la noche, del sol y la luna, del águila con el tigre... Las divinidades son innumerables, sería imposible describir la lista completa, pues además de los creadores y de los grandes dioses las hay para las estrellas, la tierra, la muerte, la fertilidad, la lluvia, el agua, el fuego, el pulque y muchas otras cosas más. De todos modos destacan Tláloc, Chalchiuhtlicue, Cinteotl,

Chicomecoatl, Xochipilli, Xochiquetzal, Xipe Totec y Huitzilopochtli. Este último, dios tribal de los tenochca, encarna a la vez al dios de la guerra y a una manifestación del Sol, amo del mundo. Para sa-

ciar el hambre y la sed del Sol, los aztecas llevaban a cabo sacrificios, a diferencia de sus antecesores los toltecas, que se habían limitado a ofrecer flores a sus dioses.

Los dioses de los tenochcas reinaban sobre el Estado y sobre el individuo, quien desde su nacimiento hasta su muerte quedaba sujeto a la disciplina decretada por los sacerdotes, únicos intérpretes de los dioses. No existía una división real entre el Estado y el clero, lo cual hacía de su organización política una teocracia militar. Allí radicó su poder, pues sus dioses los estimularon para que en pocos siglos lograran imponer su régimen a todo el valle de México y aun

más lejos. Pero esto también fue su perdición, ya que uno de los mitos que los toltecas les transmitieron consistía en el regreso de Quetzalcóatl por el este, en su papel de dios civilizador blanco y con barba; vino Cortés, muchos lo tomaron por aquel dios reaparecido para reinar sobre sus súbditos, y se originó tal confusión que unos cuantos centenares de españoles bastaron para someter al pueblo más belicoso de América.*

*Sobre este tema puedes ver el tomo de esta colección dedicado a la conquista de nuestro país.

La batalla azteca

«Ha salido el sol; el que hace el calor, el niño precioso, el águila que asciende. ¿Cómo seguirá su camino?, ¿cómo hará este día? ¿Acaso sucederá algo con nosotros; su cola, su ala...? Dígnate hacer tu oficio y cumplir con tu misión, señor nuestro.» Decía el tlacochcálcatl, jefe de las águilas, mientras elevaba las manos hacia el cielo con las codornices que sacrificaría como ofrenda especial a los primeros rayos del sol. El pueblo entero guardaba un profundo silencio ante el sonido de un tambor que tocaba desde lo alto de la pirámide del templo. Era un día de suma importancia para la ciudad azteca, pues en unas cuantas horas se llevaría a cabo la batalla decisiva contra los telpanecas.

Esta vez todos debían dejar una ofrenda como manifiesto de su deseo por ganar la guerra. El joven Tlecátl prendía el incienso mientras observaba

emocionado al gran guerrero que dirigía el rito, ata-
viado con un gran penacho de plumas rojas y negras, y vestido de algodón incrustado de piedras preciosas y muchos colores que con el brillo del sol
resplandecían. Sólo a algunos guerreros les era per-
mitido usar sandalias, pues el rey había dado la orden de que nadie que no tuviera alguna cicatriz en
las piernas como señal de valentía, o que tuviera
un gran nombre podía calzarse los pies. Así que casi
todos andaban descalzos en la tierra moviéndose
en silencio para iniciar la marcha hacia el campo
de batalla. Los guerreros empezaban a integrarse a
sus batallones y a hacer las filas que les correspon-
dían; casi a todos les chispeaban los ojos, y cerra-
ban los puños ante la gente que, orgullosa de sus
tropas, los miraba contenta.

El joven Tlecátl se emocionaba cada vez más al
escuchar los tambores encaminando el paso del
ejército, y sin resistirse las ganas saltó del pequeño
altar y comenzó a marchar con los guerreros hacia
el campo de batalla, pero todos los soldados, sin
siquiera mirarlo, lo empujaban sacándolo de la fila.
La población azteca caminaba en masa detrás del
ejército; ancianos, mujeres y niños acudían puntua-
les a la cita que decidiría su libertad o su muerte.

Tlecátl seguía intentando sumarse a las filas, pero
seguían sacándolo a empujones, y ahora le grita-

ban que no querían niños en su guerra, que sólo los guerreros podían pelear y defender su patria.

Tlecátl soñaba con ser uno de esos guerreros que se distinguían por su gran valentía, y éste era el momento oportuno para pelear como un guerrero contra los tepalnecas; aunque las tropas aztecas lo rechazaran por ser joven. De todos modos Tlecátl se encaminó sin perderle el rastro al gran ejército.

Muy pronto, los tenochcas y la gente del pueblo que aún seguía el camino de aquellos guerreros pudieron observar a un ejército que se aproximaba hacia ellos avanzando en cerrada formación. Entre los brillantes colores que adornaban su pequeña bandera se alcanzaba a distinguir la cabeza de un coyote sobre los hombros de un hombre; era Nezahualcóyotl, rey de Texcoco, que llegaba cantando a unirse a los aztecas. Conforme se acerca-

ban los dos ejércitos, se podía escuchar con mayor claridad la canción que entonaban las tropas de Texcoco mientras marchaban al ritmo acelerado de sus propios tambores. Se trataba de un popular poema del rey poeta:

«Guerreros de Texcoco recuperad el rostro
resuenen atabales, que vibren vuestros pechos
y en estruendosa guerra recuperad el rostro.

Aguardan impacientes los dardos y las flechas
las insignias floridas, los tambores de guerra
los antiguos escudos con plumas de quetzal.

Guerreros de Texcoco recuperad el rostro».

Izcóatl, rey supremo de Tenochtitlan, avanzó hacia Nezahualcóyotl con un gran escudo de oro y flores, y lo abrazó fuertemente. Los dos monarcas hablaban mientras la gente seguía cantando el poema y dejando insignias de flores en el camino. El joven Tlecátl también avanzaba y cantaba con recia voz en lo que se volvía a colar entre las tropas de los dos ejércitos.

El flechador de cielo convocó de inmediato a los capitanes de ambos ejércitos para hacerles la entrega del armamento a todos los guerreros.

Uno a uno iban recibiendo sus arcos, flechas o cuchillos mientras se formaban las filas de los que quedaban por recibir su nuevo armamento.

Tlecátl logró que nadie lo sacara de la fila y consiguió llegar ante Moctezuma, el jefe de guerra, quien le entregó sin comentario alguno un arco y flechas. El joven Tlecátl no cabía en su orgullo y, armamento en mano, se unió a la fila de arqueros.

Atrás de las filas de arqueros se encontraba el agrupamiento principal de las tropas aliadas, constituido por batallones de tenochcas y texcocanos, armados con filosos macuahuimeh, cortas lanzas y gruesos escudos. Los guerreros estaban distribuidos en un amplio cuerpo central y en dos cortas alas colocadas verticalmente a ambos lados. A corta distancia de las tropas se encontraba la numerosa población azteca que iba acompañando a los combatientes.

El ejército tecpaneca dio señal de su proximidad con el ruido de los cascabeles que traían en los pies y el retumbar incesante de sus tambores. Moctezuma observaba desde un pequeño promontorio rocoso a las tropas enemigas, tratando de encontrar el plan de ataque que aplicarían contra ellos, pero al ver la cercana proximidad de sus oponentes tecpanecas, el capitán azteca pronunció con ronca voz la orden de atacar. Al instante, una lluvia de flechas salió de los tensos arcos de tenochcas y texcocanos. Los tecpanecas detuvieron su avance y rápidamente empezaron su primer ataque llenando el campo de proyectiles.

El joven Tlecátl, aunque no era tan diestro con el arco, lanzaba sus flechas velozmente contra los tecpanecas, siempre tratando de darle al jefe de batalla. En medio del silbar de innumerables proyectiles, Moctezuma rogaba a los dioses que la armadura tejida que traía le resultase eficaz, pues el impacto de numerosos proyectiles lo golpeaban y se le incrustaban en toda la armadura, semejando una especie de extraño y gigantesco erizo.

La batalla era terrible. Muchísimos guerreros fueron puestos fuera de combate desde el primer momento. Muertos y heridos quedaban tendidos en el lugar donde se desplomaban.

El campo de batalla se convirtió al instante en un gigantesco remolino cuyo centro atraía y devoraba a los guerreros con increíble velocidad. Ninguno de los que integraban la lucha recordaba haber presenciado un encuentro tan implacable y despiadado.

El tiempo transcurría y la batalla continuaba con gran intensidad. El joven Tlecátl seguía luchando con mucha valentía, pero no podía dejar de pensar que la lucha comenzaba a transformarse en simple carnicería humana.

Las sombras de la noche invadieron el campo de batalla, y cuando todo parecía indicar la cercana derrota del ejército de Moctezuma, se comenzó a escuchar a lo lejos la afirmación insistente de una misma palabra: ¡Mexíhco. Mexíhco. Mexíhco! Los desfallecientes guerreros parecieron presentir que la enunciación de aquella misteriosa y desconocida palabra escondía la única perspectiva de salvación; y entre voces de angustia y esperanza, clamaron al unísono: ¡Mexíhco. Mexíhco. Mexíhco!

Finalmente, las tropas tecpanecas, al ver avanzar a su temido rival, optaron por emprender una veloz huida. La batalla se dio por terminada, y ya sólo quedaban algunos tecpanecas tratando de darse a la fuga. El glorioso pueblo azteca estaba por fin libre y más vivo que nunca.

Entre la desordenada retirada de las tropas tecpanecas y el avance triunfal de los tenochcas y los texcocanos iba el joven Tlecátl festejando la victoria en que él valientemente había participado, y festejando unas cuantas heridas que lo destacarían como un guerrero.

Bianca Alexander

Cultura olmeca

10

Ya hablamos de esta cultura al referirnos a Tlatilco (cerca de México) y a Teotihuacán. Parece ser la más antigua de las grandes culturas mexicanas. Es probable que su verdadero centro se haya situado en la costa atlántica, en el estado de Tabasco, donde las grandes estatuas monolíticas, las gigantescas cabezas de La Venta, que se cuentan entre las esculturas más extraordinarias de los tiempos prehispánicos, pueden señalar el apogeo de su arte.

Los carrillos inflados, el vientre grande y la expresión en los labios de «boca desdeñosa» son características propias de los personajes olmecas. El «Dios Gordo» es típico. Se conoce una categoría con el nombre de *baby face*. Asimismo, son frecuentes las estatuillas de jade.

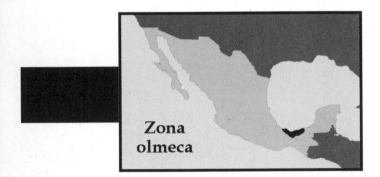

Zona olmeca

Entre las obras más perfectas del arte mexicano se encuentra la estatua de un luchador, proveniente de Uxpanapán, Veracruz, la cual puede compararse con las mejores esculturas del arte griego.

El desarrollo del extraordinario arte olmeca en una época aparentemente anterior al apogeo de los otros pueblos mexicanos constituye un enigma de la arqueología prehispánica, pues pese a su antigüedad, la producción olmeca no representa el principio de una evolución. ¿Se desenvolvió la civilización olmeca en el sitio o se benefició con aportes foráneos? Esta cuestión se encuentra aún en estudio.

Cultura totonaca

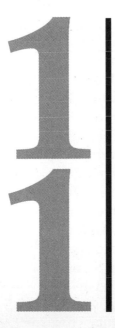

Floreció entre los siglos V y XI, aproximadamente, en la región que ocupan los actuales indios totonacas, y tuvo como centro El Tajín, cerca de Papantla, al norte de Veracruz. La pirámide de El Tajín es una de las construcciones más características de todo México. A escasos centenares de metros de esta pirámide se yergue otro grupo de cinco construcciones llamado El Tajín Chico, que pertenece a una época posterior. Los artistas totonacas poseían un sentido decorativo sumamente desarrollado, de acuerdo con los paneles de motivos geométricos entrelazados.

Existe aparentemente una influencia maya en El Tajín, mas no por esto perdió su carácter. Algunos arqueólogos atribuyen a los totonacas la construcción de los grandes monumentos de Teotihuacan, pero no han podido ofrecer alguna prueba de ello.

Contamos con sólo nociones imprecisas de esta cultura, pues la mayoría de los objetos totonacas conocidos se han descubierto accidentalmente. Por ejemplo, se ignora completamente a qué corresponden las piezas denominadas «yugos» y «palmas», las más típicas de ese pueblo. Sin embargo, el pulido de la piedra y la perfección del grabado revelan que los totonacas eran escultores muy adelantados.

Los totonacas también dejaron huella en la isla de los Sacrificios, cerca de Veracruz, donde una alfarería pintada recuerda, por su decoración de motivos entrelazados, rasgos de la pirámide de El Tajín.

La arquitectura de Cempoala se aproxima más a los estilos de la meseta. Su pirámide circular recuerda mucho la de Calixtlahuaca, Estado de México, y su alfarería es semejante a la de Cholula.

Zona totonaca

Cultura huasteca

Se localiza al norte de la totonaca. Su centro se ubicó aparentemente en el curso del río Pánuco. La lengua actual de los huaxtecas es un dialecto maya, pero esto no debe vincularlos con dicha cultura, ya que debe suponerse que se separaron muy temprano de su linaje.

Su arte alcanzó gran refinamiento, y su apogeo pertenece a fecha reciente. Son peculiares las estatuas de piedra con relieves, destinadas a ser vistas de frente, o de dorso, pero nunca de perfil; los hombros se destacan, la frente es a menudo huyente.

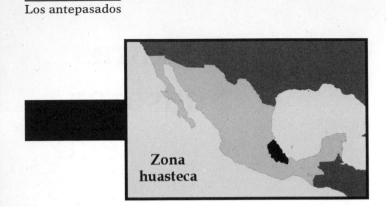

Zona huasteca

En la cerámica se encuentran formas muy extrañas, de las que no hay dos iguales. Los vasos tienen a menudo forma esférica e invariablemente llevan asa; la decoración consiste por lo general en pinturas negras sobre fondo blanco. Estos vasos en nada se parecen a los tipos conocidos.

Los artistas huaxtecas fueron grandes escultores, pero descuidaron la arquitectura.

Culturas zapoteca y mixteca

La cultura zapoteca es la mejor conocida de entre todas las que florecieron en la zona maya y el valle de México. Su centro fue Monte Albán, montaña mediana que domina el punto de unión de los valles de Zaachilán y de Oaxaca, donde se yergue actualmente la capital del estado de Oaxaca. La famosa «Tumba 7» encontrada en los comienzos de la década de 1930, que guardaba el tesoro de un jefe mixteca, constituye el conjunto más fabuloso de joyas de oro que se haya encontrado en todo México.

Este pueblo alcanzó un alto grado de perfección artística; cuidaba principalmente el contorno sin detenerse en el detalle. En cerámica son más frecuentes las formas simples.

Zona mixteco-zapoteca

Los dos primeros periodos de Monte Albán se atribuyen a esta cultura que quizás existió durante los seis primeros siglos de nuestra era. Los zapotecas parecen haber llegado a fines del segundo periodo. Ellos construyeron la mayor parte de los grandes edificios sobre terrazas que proporcionaron a Monte Albán su imponente carácter. Pero también se encuentra su rastro en muchas otras zonas de Oaxaca. Son constructores de unas urnas funerarias de cerámica cuyo decorado se muestra tan rico y detallado que podría hablarse de un estilo barroco de la época prehispánica. Cabe destacar que casi no se conocen esculturas de piedra de la época zapoteca.

Los mixtecas ocuparon Monte Albán en el siglo xv. Eran hábiles artesanos, pero sin habilidad de arquitectos. Ninguno de los edificios de Monte Albán posee su estilo. Sin embargo, se les atribuye la construcción de los correspondientes al vecino lugar de Mitla, cuyos muros están cubiertos de grecas en relieve. Su sentido decorativo también se manifestó en los frescos, lamentablemente deteriorados, pero que muestran evidentes vínculos con las culturas de la meseta mexicana. Por otra parte, una de las principales escuelas de pintura de donde provienen los manuscritos jeroglíficos denominados códices se ubicaba en la región mixteca. Los mixtecas introdujeron en México el trabajo del oro. Fabricaban joyas de todo tipo, collares, colgantes, aretes, diademas, etcétera, de exquisita delicadeza, con metales preciosos, jade o turquesa.

Culturas tarascas

Los datos acerca de estas culturas de la época precolombina son escasos. Sin embargo, fueron abundantes y poseyeron un sentido artístico muy personal. Durante largo tiempo se les designó con el nombre del pueblo que ocupa actualmente gran parte de ese territorio, los tarascos. Pero existen razones para suponer que la cultura tarasca en realidad estuvo localizada alrededor del lago de Pátzcuaro (Michoacán) y en Chupícuaro (Guanajuato).

Las culturas de Colima y Nayarit constituyen las más impor-

tantes del noroeste de México. Su cerámica, elaborada con técnica relativamente primitiva, muestra un estilo muy particular que revela un agudísimo sentido de la observación. Comprende diversos personajes y animales representados en actitudes tan expresivas que evocan a los títeres de guiñol y asimismo escenas domésticas y grupos de danzarines. Las piezas más notables son casitas o templos cuyo interior contiene muchas figurillas. No se ha efectuado en estas regiones excavación sistemática alguna, de modo que hasta el momento no es posible determinar la cronología de las culturas que allí se sucedieron.

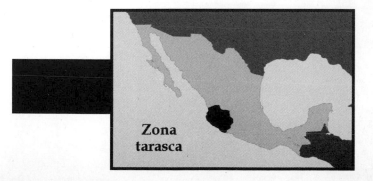

Zona
tarasca

El mundo maya

15

La cultura de mayor prestigio entre todas las de América Central, que ejerció una influencia comparable con la de los griegos respecto de los romanos, particularmente en lo que se refiere al mundo azteca, fue la maya.

Los antiguos mayas ocuparon los actuales estados de Yucatán, Campeche, Tabasco, una parte de Chiapas y el territorio de Quintana Roo en México y casi toda Guatemala; la sección occidental de Honduras y toda Honduras británica; en conjunto, alrededor de 325.000 km2. La lengua maya y sus dialectos se hablan todavía en todas las regiones indicadas y también en la franja de la costa atlántica mexicana llamada Huaxteca.

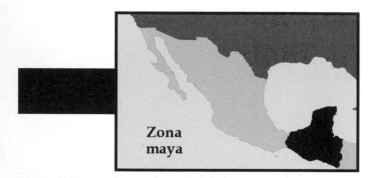

El origen de la cultura maya es todavía incierto. Algunos sabios creen que nació en algún punto de la costa de Veracruz; otros, en El Petén, Tikal o Uaxactún. Sea como fuere, la fecha más antigua que se conoce se encuentra sobre una estela de Tikal: que corresponde al año 292 de nuestra era. Una placa de jade proveniente de la misma región y conservada en el Museo de Leyden pertenece al año 320 de nuestra era. A partir de esa fechar comienza la historia maya.

Se divide en dos grandes periodos: el Antiguo y Nuevo Imperio. La palabra Imperio es sólo un término puramente cultural empleado para designar un conjunto artístico y espiritual.

El último periodo del antiguo imperio, de 731 a 987, fue testigo, sobre todo, del apogeo de grandes centros tales como Palenque, Yaxchilan y Piedras Negras; la escultura alcanzó su máxima expresión, pero el desarrollo cultural no se mantuvo en ese ni-

vel durante mucho tiempo, motivo por el cual surgió
pronto la decadencia, y una caída vertical puso fin a
esta primera etapa.

No hay explicación convincente acerca del de-
rrumbe del Antiguo Imperio. Existen muchas hipó-

tesis, la más verosímil de las cuales consiste en el agotamiento del suelo: los mayas efectuaban los cultivos en chamiceras, método que creaba en derredor de las ciudades zonas estériles paulatinamente ampliadas; es posible que los habitantes se vieran finalmente obligados a emigrar hacia regiones donde poder abrir nuevos claros y cultivar un suelo todavía virgen.

A diferencia de las civilizaciones del Antiguo Imperio, que se diseminaron por el sur de México, Guatemala y Honduras, las del Nuevo Imperio se establecieron en la mitad septentrional de la península de Yucatán. Su historia comienza a finales del siglo X. Es una época de migraciones, a consecuencia de las cuales se estableció un nuevo sistema cultural y religioso, diferente del que había funcionado hasta entonces.

La sociedad maya se dividía en cuatro clases: los nobles, los sacerdotes, el pueblo y los esclavos. Estos últimos eran generalmente prisioneros de guerra o infractores del derecho común, a quienes se les privaba de su libertad y eran condenados a trabajar hasta pagar su crimen. Un esclavo se compraba igual que una mercancía. La Malinche, la famosa amante de Cortés que le sirvió de intérprete ante los caudillos mexicanos y facilitó su victoria, era una esclava de lengua maya.

La agricultura era la base de la economía maya. El trabajo de la tierra se efectuaba con métodos primitivos: se desbrozaba mediante el fuego la parte que se proponían sembrar y, sin abono, se depositaban los granos en agujeros abiertos por medio de un palo puntiagudo. El cultivo fundamental era el maíz, y le seguían el algodón, el henequén y el cacao.

El ascenso de la cultura maya estriba en sus manifestaciones intelectuales. La aritmética alcanzó extraordinario desarrollo e hizo posibles cálculos astronómicos de pasmosa exactitud. Se basaba en el sistema vigesimal; es decir, las unidades de los diferentes grados, en vez de ser mayores o menores de diez en diez, en forma similar a nuestro sistema decimal, lo eran de veinte en veinte. Es importante señalar que inventaron el cero; lo hacían intervenir en sus cálculos y lo representaban por un signo especial.

La cultura maya creó algunas de las obras de arte más notables de todos los tiempos. La arquitectura es principalmente religiosa, y sobresalen dos tipos de edificios: los templos y los palacios. La decoración en la escultura es tan profusa que invade y abruma la arquitectura. Aunque poco queda de la pintura maya, los frescos de Bonampak son una muestra del alto grado de perfección que también alcanzó este arte. Son tan bellos que han sido comparados con los del Renacimiento italiano. Asimismo, la alfarería maya sobresale por su elegancia y la variedad de su decorado policromo, particularmente las figuritas de arcilla, probables representaciones de las divinidades, los objetos de jadeíta y otras obras maestras.

La religión de los antiguos mayas permanece oscura. En los mitos de los mayas actuales encontramos personajes como dioses de la lluvia, genios de los maizales y sirenas malignas, entre otros, que quizá sean reminiscencias de las más primitivas religiones.

El dualismo entre los mayas, igual que entre los aztecas, era una de las características de la religión: divinidades como las de la lluvia, del trueno y del rayo, poseían índole bienhechora y se oponían a una serie de dioses dañinos: los de la sequía, de la tempestad, de la guerra, etcétera, funestos para los humanos.

Todos los dioses mayas eran objeto de un culto muy complejo cuyo ritual se observaba estrictamente. Las ceremonias religiosas eran precedidas de ayunos o de severas abstinencias. Destacaban los sacrificios, uno de los cuales consistía en hacer manar la propia sangre traspasándose el lóbulo de la oreja con un cuchillo de sílice o una espina de pescado. Los sacrificios representados durante el Antiguo Imperio son casi siempre pacíficos: ofrendas de alimentos, animales u objetos preciosos. Más tarde aparecen en Yucatán (templos de los jaguares y de los Guerreros de Chichén Itzá) las representaciones de sacrificios.

Entre la mayoría de sus descendientes actuales subsiste el antiguo rito maya que consiste en quemar copal durante las ceremonias.

El sueño de Txatzil

El sol empezaba a hundirse en el mar como si ya estuviera cansado de iluminar la tierra y trabajar por ella la jornada de un día. Ahora se refrescaría y dejaría contento su espacio en el cielo al ojo de las sombras: la luna.

Y bajo el techo cristalino que es el cielo, la selva es la húmeda cabaña del quetzal, del venado amarillo y de la iguana que disfruta eternamente su calor encima de la piedra. También hay las abejas que zumban por su miel cerca de los manglares de las tierras del sur, ahí donde los hombres mayas cercan con sus chozas la zona de los yalba unicoob o hijos del pueblo, que son los que cultivan el maíz, los que pescan langostas y sacan a los peces de sus profundidades y los que cazan al ciervo y a los jabalíes para poder comer y prometerle a su sangre que su vida sustenta la tierra que los verá crecer entre estas selvas y este sol que calienta sus cuerpos morenos y sus cabellos lacios mecidos por la brisa.

Hay algo en el rumor de los dioses que son quienes hablan y avisan a estos incipientes maestros que el día de su gloria expandirá su nombre y su saber levantando escaleras hacia los siete cielos por todo lo que alcanza la tierra del sur. No obstante, las voces de los dioses ya exigían templos y peldaños dirigidos al cielo, ritos, conocimiento y también diferencias entre los hombres que forjaban la tierra y los privilegiados que aprendían con paciencia del tiempo y del espacio.

Un poco más allá, cerca de los templos y el mar, sobresalía de entre los árboles el palacio del Halach Uinic u hombre verdadero, rey y gobernante de la ciudad maya. Su palacio estaba construido de enormes bloques de piedra y era muy grande y oscuro, pues la mayoría de sus habitaciones no tenía ventanas

para que el calor y la lluvia no las penetrara. Por esa razón, la princesa Txazil subía todas las noches a lo alto del palacio para observar el cielo, mientras Napuc, su hermano mayor, estaba permanentemente ocupado en las distintas enseñanzas y preparaciones que le ayudarían a ocupar algún día el cargo de su padre, pues sólo el primogénito del rey podía sucederlo en su cargo. Por lo tanto toda la atención del rey y del reino recaía sobre Napuc, quien sólo contaba con once lunas de edad, pero que ya se comportaba como un pequeño reycito, exigente y sabio, a diferencia de su hermana Txazil de nueve lunas, que sólo deseaba un poco de atención por parte de su padre y ser instruida en la sabiduría mágica de los astros, pero ni su padre ni los sacerdotes le hacían mucho caso al estar tan ocupados en el futuro del reino y el del próximo rey maya.

Esa noche, la sala principal del palacio estaba ocupada por el consejo del rey, integrado por los sacerdotes y los señores asesores. Cada uno hablaba cuando por una seña dada por el rey sabía que era su turno. Y el rey los escuchaba atento desde su lugar con su hijo Napuc sentado a su lado. Mientras la princesa Txazil miraba y oía todo desde los pasillos tratando de entender la discusión, pero por más atención que ponía seguía sin entender una sola palabra de lo que se decía.  Entonces decidió adentrarse y, olvidando por un momento las restricciones que le eran impuestas en ese tipo de reuniones, fue y se paró a un lado de su padre, lo cual provocó el silencio de todos, silencio que el rey rompió abruptamente gritándole a una de las doncellas para que se llevaran inmediatamente a la malcriada niña a algún lugar donde no molestara.

Las lágrimas corrían por el moreno rostro de la triste princesa, y bajo el plateado brillo de la luna semejaban perlas brotando de sus ojos. Una vez más estaba sola en lo alto del palacio invocando, con toda su atención en Itzamná el dios celeste, se le concediera sobre todos los mayas conocer el futuro de su cultura, y así nunca más ser la niña que no sabía ni podía saber nada.

La noche caminaba aún entre sus sombras y la triste princesa en su deseo; implorando a los dioses, repitiendo a los dioses su deseo hasta que el sueño le cerró los ojos y se quedó profundamente dormida.

Un constante y ruidoso repiqueteo empezó a introducirse aumentando su ritmo cada vez más en la tranquilidad que había dejado la noche. El sol lanzaba sus primeros rayos, y los escultores se veían a lo lejos trabajando, afanados en las caras de los pilares de una gran pirámide que estaban construyendo. Txazil se despertó, dio el bostezo de cada mañana y se incorporó para bajar a ver con ojos somnolientos la causa del ruido que la sacó del sueño, pero para su sorpresa no sólo descubrió la causa de ese ruido, sino algo aún más desconcertante: una nueva ciudad levantada de imponentes templos y asombrosas pirámides con colores y formas que la princesa nunca antes hubiera podido imaginar. Con toda cautela, Txazil se acercó a donde un grupo de arquitectos mayas hacía surgir de la esquina de piedra de una pirámide una gran serpiente emplumada; mas su aspecto era bastante extraño, pues como aún no estaba completa no se podía apreciar lo que más tarde sería su cubierta de plumas. Txazil estaba sorprendida por el hecho de que ninguno de los arquitectos volteara a verla, ni siquiera para decirle que se retirara de la zona de trabajo. De pronto levantó la mirada hacia lo alto de la pirámide y vio a un hombre que descendía magnánimo vestido con pieles de jaguar, una capa de coloridas plumas y la cabeza de un jaguar en su cabeza dirigiéndose a ella mientras la miraba sonriente. Txazil no podía dejar de admirar al misterioso hombre-jaguar y se preguntaba quién era, quién podía ser aquel hombre que tan bondadosamente la veía mientras acariciaba con su maravillosa capa de plumas los escalones que lentamente iba dejando.

. El misterioso hombre llegó hasta Txazil y extendien-

do la mano le tocó ligeramente la cabeza. «¿Quién eres?» -preguntó Txazil con cierta timidez-. «Itz en caan, itz en muyal (yo soy el rocío, o sustancia del cielo y de las nubes)» -respondió el hombre-jaguar con una sonrisa-. Desconcertada, Txazil volvió su mirada hacia todos lados, pero ninguno de los hombres se percató nunca de su presencia. «Entonces tú eres parte de mi sueño» -dijo Txazil entusiasmada-. «Yo vine hacia ti para enseñarte lo que existe ahora y enterarte de lo que será mañana el designio de los dioses para la tierra maya que es tu cultura» -dijo el hombre a la niña que de la mano de él empezó a caminar alrededor de las pirámides.

«Esta tierra que pisas ahora es la tierra sagrada de Chichén Itzá -dijo el hombre-, lugar donde los hijos de los hijos de tus hijos llegaron a establecer la grandeza que en el lugar de tu tiempo aún no se concibe, pero que está por nacer con los rayos del sol para resplandecer con esta maravillosa ciudad maya a la que tú, Txazil, también ayudaste a construir. «¿Yo ayudé a construir esta ciudad?» -preguntó Txazil-. «Tú y gran parte de tu gente, quienes ahora son los sabios abuelos que con base en sus observaciones fueron aprendiendo los pasos del tiempo, dominando la materia y conociendo los astros -dijo el hombre-; la sabiduría que brilla aquí en estos grandes templos y en la mente de los que los construyeron ha sido transmitida por los escritos que se iban guardando en los templos antiguos.» «¿Y yo cómo ayudé a mi cultura?» -preguntó Txazil con incertidumbre en la mirada, y el hombre le respondió con gran paciencia-: «Cada noche que suspiraste en lo alto de tu palacio, linda Txazil, le diste nombre a las estrellas, y las estrellas que nombraste se movieron un día de donde estaban y, mientras ibas creciendo junto a ellas, inscribiste en dibujos los cambios de sus posiciones. Ya después el hijo que engendraste se entregó a seguir con tus sabias observaciones, y muchas de sus enseñanzas fueron clave para la invención del calendario maya y para el alto conocimiento que se tiene de los astros.» -Txazil no pudo contener su sonrisa y una nueva duda surgió en su mente-: «¿Y mi hermano

Napuc, qué hizo cuando fue rey?». «Napuc construyó templos de gran importancia e hizo promover el arte de la arquitectura con poderosos trazos. Y ahora gran parte de la gran ciencia maya se apoya en su arquitectura. La ciencia de los números, la astronomía, la escritura y la arquitectura han llegado a hacer de esta ciudad maya una de las más sabias e importantes en la historia de las culturas del mundo. Tzay-ni-tic tun, chac tun, u uayazba kab caan u uayazba. U uay az ba a chaabjac kin, a chaabtaci ti cab. U u uayazba itz caan, kab caan, kan-lol caan, u uayazba. Balin in chaabtahci a kinil? Balín in chabtachi a u uil? Bacit bacin in chaab ta tunil? In chaab ech. Ti cumtal ta hoyobal a kahcunic u kinam ta yam kin. Ca ti tu tuxchitab ech, tacha... cit. Ti muc ce in chab ech, in cumcin nech. Tac helec in chaic... U uyic a kiname tumenel... a yum. A mucut... ti cit... ti tune... in colobto... ta che. U kan ti tune. Lay cu bin u ixmbal u tzolic laeay ahauob tzolanob cae. Xic u bin a xol, la a nulte lae. (Del final del hilo al final están las piedras preciosas, las preciosas piedras rojas, representando la sustancia del cielo, la humedad del cielo. ¡La forma en que creaste el sol, en que creaste la tierra! ¡La forma de la humedad del cielo, la sustancia del cielo, el florecimiento amarillo del cielo! ¿Cómo yo creé tus piedras preciosas? Te creé a ti. Cuando tú fuiste rociado por el agua, tú recordaste la fuerza del sol. Entonces fue que el mensaje fue enviado a ti... Secretamente te creé a ti, y te puse donde estás. De tiempo en tiempo te tomo, y percibo tu vigor a causa de tu padre. Tu espera... que podré yo quitar... de tu boca. Ellas son las preciosas piedras amarillas. Entonces corre el camino que él ha marcado. Éstas son las reglas que han sido puestas en orden. Ve y léelas y tú lo entenderás.)»

Txazil meditó por un momento las sabias palabras que acababa de oír y volvió a preguntar: «¿y cuál es el destino de nosotros los mayas en el tiempo de la tierra?» -preguntó Txazil, pero el hombre en vez de responderle le dijo que guardara silencio y la llevó hasta un hermoso cenote. El hombre-jaguar y la princesa maya se sentaron silenciosamente a la orilla de las cristalinas aguas del cenote y estuvieron callados por un tiempo, hasta que el hombre rompió su silencio y le dijo a Txazil que atravesara la puerta del agua buscando su reflejo en el cenote. La princesa se concentró viendo su reflejo, pero de pronto se disolvió entre la imagen de los templos mayas de Chichén Itzá y la gente del pueblo trabajando bajo el sol brillante de la primavera-. «Con siete tiempos de abundancia se asienta el cuarto Ahau katún (20 años) en Chichén Itzá. Siete tiempos de abundandia son el asiento del gran derramador de agua. Llegarán plumajes, pájaros verdes, fardos, faisanes, tapires, y se cubrirá de tributo Chichén Itzá» -habló la voz del hombre-jaguar introduciendo a Txazil en una especie de trance. Repentinamente, la imagen del cielo que veía Txazil en el agua empezó a ser cubierto por una obscura nube que creció como crece la noche sobre el cielo, pero dejándole una pequeña parte al sol que ya apenas iluminaba la tierra. La ciudad completa oscureció y los hombres alzaban la mirada espantada hacia el negro cielo con sólo un pedazo de sol, y empezaron a correr hacia todos lados hasta desaparecer. Entonces, la majestuosa voz del hombre-jaguar se pronunció otra vez-: Itzamná u uich ti yahauil. Bin

uilibic oxi. Oxte ti hab zakal h abil, Lahun jalab.
Etbom val; etbom ujub, yaxaal chal u cuch tu caanil.
Ixma chacben uah u uah katun ti Oxlahun ahau.
Chibom / Kini. CAPIC u cuch lay u cuch Oxlahun
ahau katun laz. (En el tercer katún, 20 años, el dios
maya Itzamná dará su rostro a su reinado. Se le sen-
tirá tres veces en tres años, y cuando se cierre la
décima generación. Semejantes a las palmeras serán sus hojas. Semejante al de la palmera será su
olor. Su cielo estará cargado de rayos. Sin lluvias
chorreará el pan de este tiempo. Se perderán los
hombres y se perderán los dioses. Cinco días será
mordido el sol y será visto.)»

La voz se silenció al mismo tiempo que la imagen cambió, ahora se veía un claro prado donde se

levantaba la misma pirámide de donde había descendido el hombre-jaguar, pero en esta ocasión subía y levantaba la mano despidiéndose de Txazil «Mira al cristalino y a la tierra a la que perteneces, linda Txazil. Ahora que sabes, ya lo entenderás.» Cuando se introdujo la última de las plumas de su capa por el alto umbral de la pirámide, Txazil se despertó con el sol en los ojos y en la misma posición que había tomado antes de dormirse.

Bianca Alexander

Mitología: Los cinco soles

Según sabián los viejos, ese año fue el de estancamiento de la tierra y el cielo. Ellos sabían que al pasar ese fenómeno de estancamiento, reconocían que ya habían pasado cuatro clases de gente.

Durante el primer sol o sol de agua (*atl*) se llamó Atonatiuh. En este sol el agua todo se lo llevó, toda tierra desapareció y la gente se volvió peces.

El segundo sol o sol del tigre (*ocelotl*) se llamó Ocelotonatiuh. En este sol, los días se oscurecían muy pronto y durante

estas extensas horas de oscuridad, las gentes eran devoradas. En este sol vivían gigantes y se extendió la regla de "no se caiga usted" por que el que se caía, se caía para siempre.

El tercer sol o sol de lluvia (quiyahuitl) se llamó Quiyauhtonatiuh. En este sol llovió fuego y los moradores ardieron. Tal fue el fuego que los peñascos enrojecieron y las piedras se enroscaron y se les formaron agujeritos.

El cuarto sol o sol de viento (ecatl) se llamó Ecatonatiuh. Los vientos se llevaron todo. La gente huyó a los bosques y se convirtieron en monos.

El quinto sol o sol de movimiento (ollin) se llamó Olintonatiuh. A este sol los viejos dijeron que es un sol que camina. Qué en él habrá terremotos y todos padecerán hambre y que en este sol la gente va a perecer.

Principales ruinas de México

Apéndice

A continuación te presentamos una serie de pequeños resúmenes sobre los principales sitios arqueológicos de nuestro país. En ellos encontrarás una muestra sumamente representativa de la riqueza de las antiguas culturas que habitaron nuestro país.

¿Estás listo para conocerlos?

¡Pues adelante y prepárate para comenzar el viaje!

Sólo tienes que dar la vuelta a la página para descubrir algunos de los tesoros que crearon los antiguos pobladores de nuestro país.

Cuicuilco

Esta zona arqueológica es una de las más antiguas
y ella desapareció tras una erupción volcánica.
Sus ruinas permanecen en el sur
de la Ciudad de México.

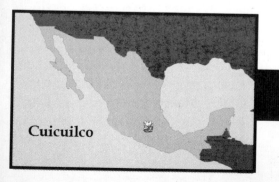

Cuicuilco

Tlatelolco

Barrio situado al noroeste de la Ciudad de México
en el que habitaban los comerciantes y tenía lugar
el gran mercado de la ciudad. Plaza notable
por su inmensa extensión, su perfecta distribución
y sus hermosos pórticos.

Tlatelolco

Teotihuacán

Célebre localidad situada al norte de México,
hoy San Juan Teotihuacán. Todavía se pueden ver
centenares de pequeñas pirámides que rodeaban
a los grandes templos consagrados
uno al Sol y otro a la Luna.

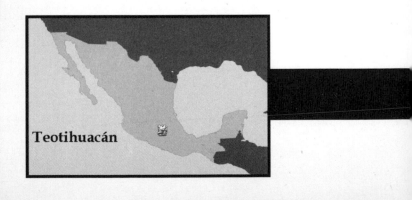

Teotihuacán

Tlatilco

A esta cultura se le ha asociado por sus vestigios
a los olmecas. Figurillas de barro, cerámica
y sobre todo la expresión que guardan sus rostros
muy semejantes a las piezas encontradas en las ruinas
del estado tabasqueño. La mayoría representan
perros, patps, tlacuaches, etc.

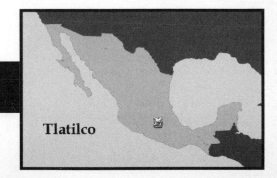

Tlatilco

Tula

Ciudad antigua fundada por los toltecas,
capital de un estado cuyo primer rey,
Chalchiuhtlanetzin, se supone que empezó
a reinar en el 667 de nuestra era.

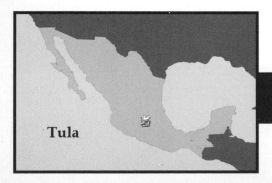

Tula

Xochicalco

Ciudad con influencia tolteca, ubicada cerca
de Cuernavaca. Los descubrimientos arqueológicos
han dado evidencia de una gran habilidad como
constructores de pirámides monumentales.

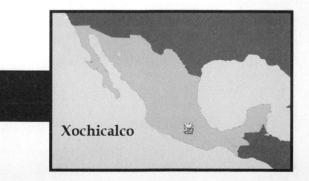

Xochicalco

Tajín

Principal ciudad totonaca. Destaca por su grandeza y complicada construcción la pirámide de los nichos. Esta pirámide que tiene 7 pisos cubiertos con piedras labradas en las que destacan 365 nichos que son algo parecidos a las ventanas.

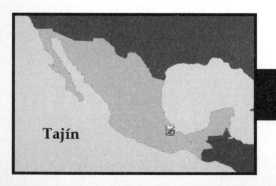

Tajín

Bonampak

Ruinas mayas situadas en el estado de Chiapas, en el valle del río Lacanhá. Fue descubierta esta zona en 1946, en los que se conservan notables pinturas murales. Representan los dibujos escenas de ceremonias dedicadas a la guerra y otros hechos religiosos.

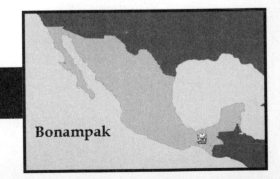

Bonampak

Uxmal

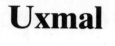

Considerada como la tercera gran ciudad
del imperio Maya. En esta compleja ciudad
destacan el Palacio del Gobernador
y la Casa de las Monjas.

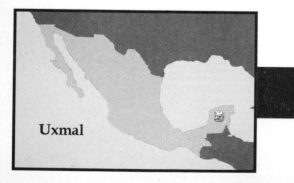

Uxmal

Palenque

Esta ciudad corresponde al periodo clásico.
El Palacio, el templo de las Inscripciones, del Sol
y la gran cantidad de esculturas y cerámica
encontradas marcan su importancia,
además de la enigmática tumba.

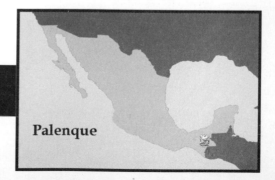

Palenque

Mitla

Esta ciudad logró su máximo esplendor cuando
sobrevino la conquista. Fue influenciada
por la cultura mixteca, observándose sus complejas
figuras geométricas.
Notable por sus templos y ehermosas figuras.

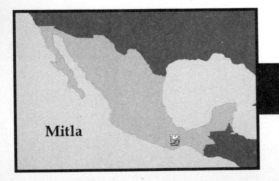

Mitla

Chichén Itzá

Cuando se construyó este enorme conjunto
de pirámides fue una época de florecimiento
para las ciencias y las artes.
Destacan las Mil Columnas, el Juego de Pelota,
el Castillo, el Templo de los Guerreros.

Chichén Itzá

Monte Albán

En este importantísimo centro ceremonial se puede
apresiar el alto grado de urbanización que llegaron
sus constructores y la inteligencia de su planificación.
Toda la montaña transformada en terrazas, pirámides
y montículos levantados sobre las tumbas.

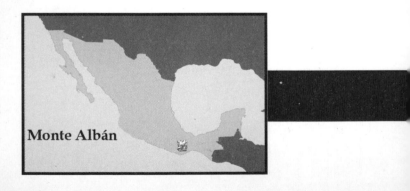

Monte Albán

Principales dioses del México antiguo

Y allí había muchos seres humanos oscuros y claros, humanos de muy variada condición, humanos de lenguas múltiples, era admirables oirles.

Popol Vuh

La búsqueda de explicación a tantos fenómenos naturales y las limitaciones han llevado a los hombres de todos los tiempos y culturas a crear sus propios dioses. Así fue creada Teotihuacán, lugar donde los hombres se vuelven dioses.

Oscar Bautista H.

Tlaloc

Dios de la lluvia entre los aztecas. Esposo de
Chalchiuhtlicue. Se le consideraba como el
fecundador de la tierra.

Quetzalcoatl

Dios del aire representado bajo la forma
de serpiente, emblema de los vientos
y de los torbellinos.
Recubierto de plumas de quetzalli.

Tezcatlipoca

Significa "espejo brillante o que humea".
Gran dios mexicano cuya fiesta principal
era celebrada en el mes toxcatl.
Considerado el dios universal e invisible.

Tonathiu

Dios solar de los aztecas.
Está representado en la piedra del sol
o Calendario Azteca.

Huitzilopochtli

Dios de la guerra. Los mexicanos conservaban
siempre su imagen en medio de llos;
creó una clase de sacerdotes o servidores
de alta talla. Dotado de una fuerza extraordinaria
era capaz de destruir ciudades.

Huehueteotl

Dios del fuego, representado por un viejo que
sostiene un brasero en la cabeza.

Coatlicue

Sacerdotisa consagrada al culto de Huitzilopochtli.
Diosa de la tierra, madre de las estrellas y la Luna.
Su símbolo es la serpiente.

Reforma de la Constitución

El dictamen aprobado propone la creación de un nuevo artículo segundo de la Constitución para concentrar, reconocer y garantizar los derechos políticos, de jurisdicción, sociales y económicos de los pueblos indígenas. Además, establece los principios de libre determinación y autonomía de estos pueblos.

Se agrega también un tercer párrafo al artículo primero para prohibir toda discriminación «fundada en el origen étnico o nacional, en el género, la edad, las discapacidades físicas o mentales, la condición social [...] religión, opiniones o preferencias» que menoscabe los derechos y libertades. Por último, se acuerda en un artículo transitorio la necesidad de modificar las leyes electorales para beneficiar la participación indígena.

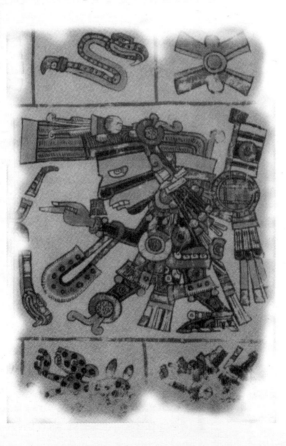

¡En buen tiempo!

¡En buen tiempo vinimos a vivir,
hemos venido en tiempo primaveral!
¡Instante brevísimo, oh amigos!
¡aún así tan breve, que se viva!

Nezahualcoyotl

Lenguas indígenas de México

Las relaciones y vínculos de pueblo a pueblo por medio del idioma, muestran el parentesco entre los mismos.

La lengua es la expresión oral, la transmisión de la ideas, sus costumbres y sobre todo, los sentimientos que llevan a la comprensión, unión y estabilidad de un grupo o nación. Hoy en nuestro país existen alrededor de 62 idiomas indígenas.

Tronco	Familia	Lenguas
	Algonquina	Kikapú
Hokano	Yumana	Paipai
		Kiliwa
		Cucapá
		Cochimí
		Kumiai
	Seri	Seri
	Tequistlateca	Chontal
Yuto-nahua	Tepimana	Pápago
		Pima
		Tepehuano
	Taracahita	Lenguas tarahumaras
		Guarijío
		Yaqui
		Mayo
	Corachol	Cora
		Huichol

Tronco	Familia	Lenguas
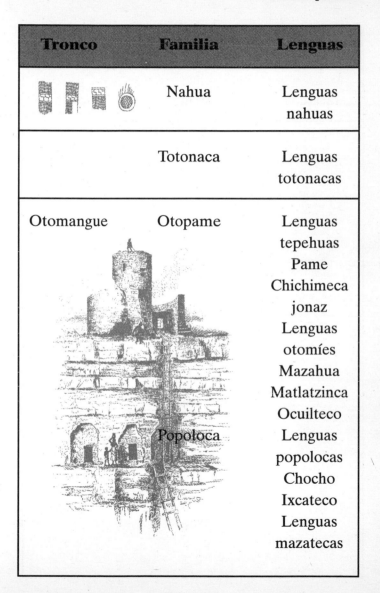	Nahua	Lenguas nahuas
	Totonaca	Lenguas totonacas
Otomangue	Otopame	Lenguas tepehuas Pame Chichimeca jonaz Lenguas otomíes Mazahua Matlatzinca Ocuilteco
	Popoloca	Lenguas popolocas Chocho Ixcateco Lenguas mazatecas

Tronco	Familia	Lenguas
Tarascos	Tlapaneca	Tlapaneco
	Amuzga	Amuzgo
	Mixteca	Lenguas mixtecas
		Cuicateco
		Lenguas triquis
	Chatino-Zapoteca	Lenguas chatinas
		Lenguas zapotecas
	Chinanteca	Lenguas chinantecas
	Chiapaneca-Mangue	Chiapaneco
	Purépecha	Purépecha
	Huave	Huave

Tronco	Familia	Lenguas
	Mixe-zoque	Lenguas zoques Lenguas popolucas Lenguas mixes
Maya	Maya	Huasteco Maya Lacandón Chol Chontal Tzeltal Tzotzil Chuj Tojolabal Kanjobal Jacalteco Motozintleco Mam Teco Ixil Aguacateco

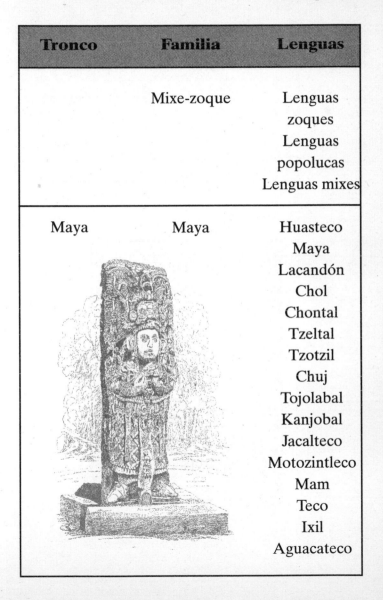

Tronco	Familia	Lenguas
		Quiché
		Cakchiquel
		Kekchí

Esta edición se imprimió en Mayo de 2005. Editores Impresores
Fernández S.A. de C.V., Retorno 7-D Sur 20 No. 23. México, D.F.